글·그림 **노은주**

한양대학교 경영대학원을 졸업한 뒤, 꼭두일러스트교육원에서 그림책을 공부했습니다. 현재는 두 아이의 엄마이자 어린이책 일러스트레이터로 활동하고 있습니다. 쓰고 그린 책으로는 《책이 스마트폰보다 좋을 수밖에 없는 12가지 이유》, 《한글이 우수할 수밖에 없는 12가지 이유》, 《학교가 즐거울 수밖에 없는 12가지 이유》가 있고, 그린 책으로는 《거꾸로 가족》, 《쌍둥이 아파트》, 《하루와 치즈고양이》, 《이상하게 매력있닭!》, 《버럭 임금과 비밀 상자》, 《공부를 해야 하는 12가지 이유》, 《외계인을 잡아라!》, 《왈왈별 토토》, 《귀뺑맘딱》, 《초등 래퍼 방탄_오디션을 점령하라!》, 《초등 래퍼 방탄_유튜브를 점령하라!》, 《초등 래퍼 방탄_학교를 점령하라!》, 《우리 사부님이 되어 주세요》 등이 있습니다.

경제를 알아야 하는 12가지 이유

노은주 글·그림

1판 1쇄 2022년 10월 25일

펴낸이 모계영 **펴낸곳** 가치창조

출판등록 제406-2012-000041호
주소 서울시 종로구 사직로 8길 34, 1104호(내수동, 경희궁의아침 3단지 오피스텔)
전화 070-7733-3227 **팩스** 02-303-2375 **이메일** gachi2012@naver.com
ISBN 978-89-6301-262-9 77320

ⓒ 노은주 2022

- 이 책의 저작권은 저자와 가치창조 출판그룹에 있습니다.
- 저작권법에 따라 무단전재 및 복제를 금합니다.

가치창조 공식 블로그 http://blog.naver.com/gachi2012
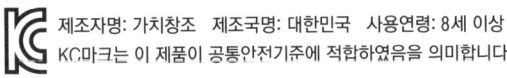는 가치창조 출판그룹의 어린이책 전문 브랜드입니다.

제조자명: 가치창조   제조국명: 대한민국   사용연령: 8세 이상
KC마크는 이 제품이 공통안전기준에 적합하였음을 의미합니다.

여러분은 용돈이 생기면 어떻게 사용하나요?

갖고 싶었던 장난감을 사고 과자도 사 먹고 또 누군가를 위해 선물을 사기도 하지요.

더 큰 무언가를 사기 위해 저금을 할 수도 있고요.

저는 어릴 적에 용돈이 모아지면 인형을 샀어요.

사서 모은 인형들이 집에 쌓여 가는데도 새로 갖고 싶은 인형은 어찌나 많던지요.

그 후 몇 년이 지나고는 더 이상 인형을 갖고 놀지 않게 되었고,

그 인형들은 어디론가 사라지게 되었어요.

우리는 살아가면서 다양한 곳에 돈을 사용하고 있어요.

필요한 것을 얻기 위해 일을 하고 돈을 벌고 소비하는 것을 '경제 활동'이라고 해요.

'경제'라고 하면 뭔가 어려울 것 같지만, 사실 경제는 우리의 일상 속에서

늘 함께 움직이고 있어요. 여러분이 용돈을 쓰는 것도 경제 활동의 일부랍니다.

경제가 움직이는 원리를 안다면 좀 더 현명하게 경제 활동을 할 수 있겠지요.

여러분의 경제 활동은 잘 되고 있나요? 항상 용돈이 부족한 것 같다고요?

정해진 예산 안에서 어떻게 소비를 하면 좋을지, 똑똑한 경제 공부 함께 시작해요!

노은주

"오빠, 도대체 경제가 뭐야?"
"경제는…… 그러니까 경제는 말이야…… 내 친구 이름인데?"
"얘들아 잠깐! 그건 내가 전문이라고."
"에이, 또리 네가 뭘 안다고?"

"우와, 또리의 반전 매력!"
"역시 똘똘한 또리!"
"우리가 경제를 왜 알아야 하는지
지금부터 또리 경제 전문가와
함께 알아보자고!"

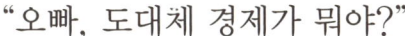

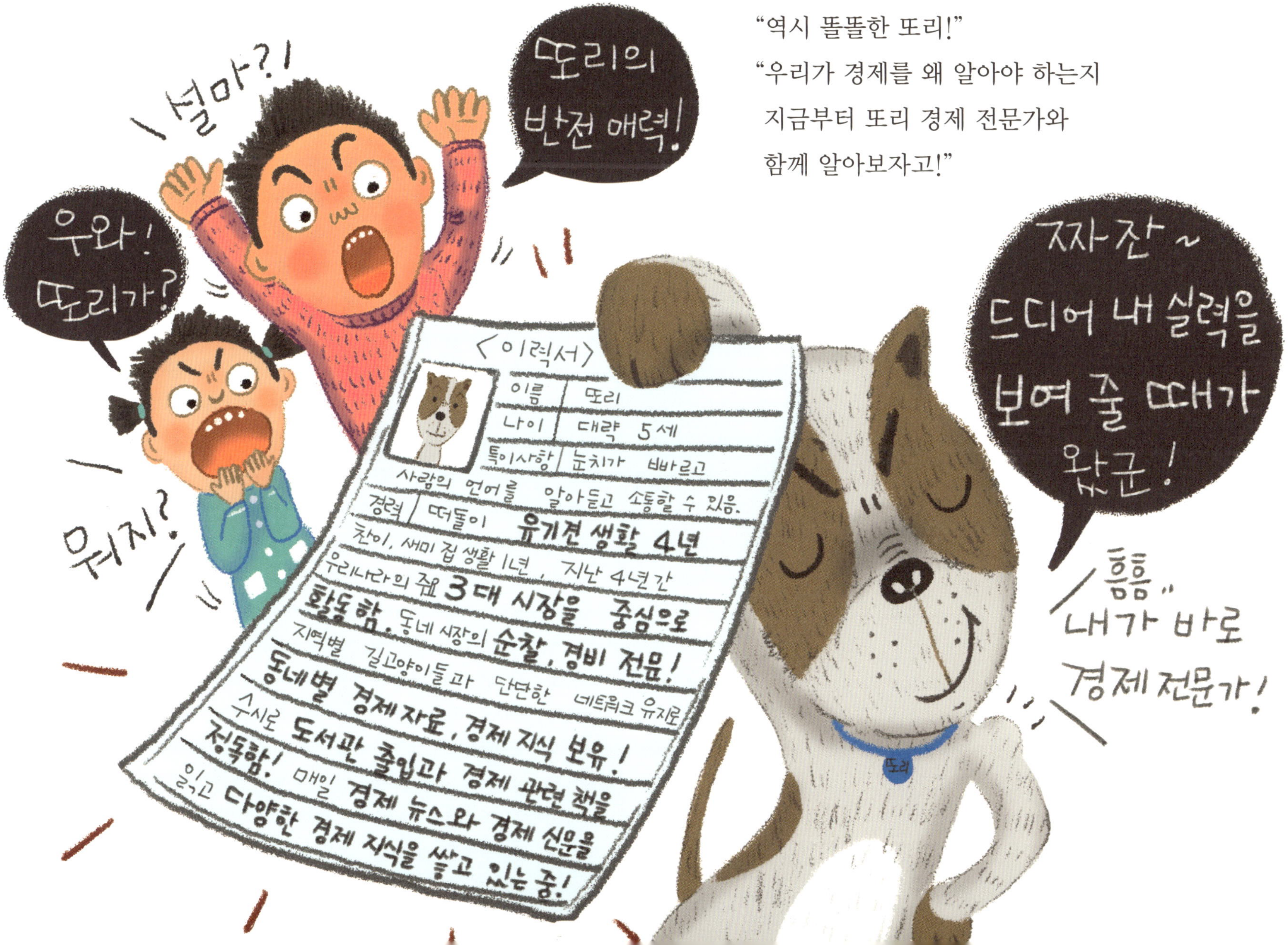

1 경제는 바로 우리의 생활이야

사람들은 생활에 필요한 것을 만들고 팔고 사는 활동을 해.
이런 것을 경제 활동이라고 하지.
'경제'는 '경세제민(經世濟民)'이라는 한자어를 줄인 말인데,
세상을 경영하여 백성을 구제한다는 뜻이야.
너희들도 매일 경제 활동을 하고 있어.
"우리 아무것도 안 했는데?"
"생활 속에서 우리가 하고 있는 경제 활동을 한번 찾아볼까?"

용돈 받고

저금하고

책 사고

미용실 가고

과자 사고

장난감 사고

쇼핑하고

경제는 생산과 분배, 소비로 이루어져 있고 모두 알맞게 움직여야 원활하게 돌아갈 수 있어. 경제에서는 생산만큼 소비도 중요해. 사람들이 소비를 해야 기업이 돈을 벌어서 직원들에게 급여를 주고 새로운 일자리도 만들 수 있거든. 공장에서 물건을 많이 만들었는데 사람들이 그 물건을 사지 않는다면 공장은 곧 문을 닫게 되고 생산 활동이 멈추게 되는 거야. 그래서 생산과 소비는 적절한 균형이 필요해.

잠깐! 또리의 경제 상식

'생산'은 재화와 서비스를 만드는 것을 말하고 이런 일을 하는 사람들을 '생산자'라고 해.
'재화'는 우리가 원하고 필요로 하는 모든 물건들을 가리키지.
'서비스'는 사람들의 편리와 필요를 만족시켜 주는 행위를 말해.
'소비'는 생산자들이 만드는 재화나 서비스를 사람들이 구입하여 사용하는 것을 말해.
'분배'는 사람들이 재화와 서비스를 이용하기 위해 낸 돈을 생산자들이 나누어 갖게 되는 것을 말해.

2. 시장 경제의 질서와 규칙을 알 수 있어

"새미야 왜 그래? 학교에서 무슨 일 있었어?"
"학교에서 시장놀이를 했는데 내 물건만 잘 안 팔렸어. 속상해."
"쓸데없는 물건을 비싸게 파니까 그렇지."
"제일 예쁜 머리끈이랑 유행하는 헤어핀만 골라서 가져갔는데."
"그럼 뭐가 문제였는지 함께 알아보자."

시장은 상품을 사려는 사람과 팔려는 사람들이 모여서 정보를 교환하고 거래를 하는 곳이야.
시장에는 직접 거래가 이루어지는 보이는 시장과 보이지 않는 시장이 있지.
보이는 시장: 재래시장, 백화점, 대형 할인점, 슈퍼마켓, 편의점, 문방구
보이지 않는 시장: TV홈쇼핑, 인터넷 쇼핑, 증권 시장, 외환 시장, 전자상거래 시장

시장은 어떻게 생겨났을까?

원시사회에서 사람들은 각자 필요한 물품을 직접 만들어 써야 했어. 그런데 농경사회가 되어 생산물이 늘어나자 각자 서로에게 필요한 물건을 교환하는 것이 좋은 방법이라고 생각했지. 그러다 보니 서로 잘하는 것을 생산하게 되면서 분업이 이루어지고 사람들 간의 물물교환은 더욱 활발해졌어. 효율적인 교환을 위해서 일정한 시간과 장소를 정하고 약속대로 모이게 되면서 시장이 만들어졌지. 물건과 물건을 맞교환하다가 화폐가 생기면서 시장은 더욱 발달하게 되었어.

물건의 값은 어떻게 결정될까?

필요한 물건을 사기 위해 우리는 돈을 지불하는데, 그 돈의 양을 가격이라고 해.
가격은 물건을 사려고 하는 사람(수요)과 팔려고 하는 사람(공급)에 의해 결정되는데 수요와 공급이
딱 맞아떨어지는 지점에서 정해지지. 수요가 많다는 건 사려는 사람이 많다는 것이고, 공급이 많다는 건
시장에 팔 수 있는 물건이 많다는 거야. 수요가 늘면 가격은 오르게 되고 수요가 줄어들면 가격은 내려가게 되지.

잠깐! 또리의 경제 상식

독점 시장이란 하나의 기업에서만 상품의 공급이 이루어지는 형태로 독점 기업이라고 말해.
예를 들어 전력을 담당하는 전력산업, 식수를 생산하는 상수도사업 등이 여기에 속하지.
독점 시장의 공급은 대부분 국가에서 맡아서 해.

완전 경쟁 시장이란 모든 기업이 같은 물건과 서비스를 생산하고 비슷한 조건으로 경쟁하는
시장을 말해. 누구나 자유롭게 생산과 판매 활동에 참여할 수 있어.

독점적 경쟁 시장이란 완전 경쟁 시장과 유사하지만 상품은 다양하게 차별화되어 있어.
같은 상품을 판매하더라도 그것을 공급하는 사람에 따라 크게 달라져.

3 경제를 알면 돈의 역사가 보여

"만화책도 사고 싶고, 사탕도 먹고 싶고."
"오빠 난 인형 사고 싶어."
"우리에게는 돈이 필요해."
"돈은 도대체 어디서 나오는 거지?"
"누가 돈을 만들었을까?"

돈의 역사

물물교환 시대
아주 오랜 옛날에 사람들은 필요한 물건을 직접 만들어서 사용했어. 나에게 없는 물건은 서로 맞교환을 하여 사용했어.

물품 화폐 시대
하지만 물물교환의 불편함 때문에 가치의 기준이 되는 물품을 찾기 시작했어. 처음엔 곡식, 옷감, 소금, 조개껍질 등을 사용하다 점점 가치가 일정하고 보관이나 운반이 쉬운 물품들로 사용하게 됐어.

금속 화폐 시대
곡식이나 소금, 조개껍질은 오래 보관할 수 없고 파손되기 쉬운 단점이 있었어. 그래서 잘 변질되지 않는 금이나 은을 화폐로 사용하기 시작했지.

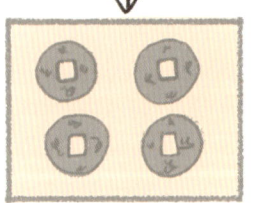

주조 화폐 시대
금이나 은은 모양과 크기가 제각각이라 쓸 때마다 저울에 무게를 달아야 하는 단점이 있었어. 그래서 일정한 모양과 무게로 금속 동전 화폐를 만들어 사용했지.

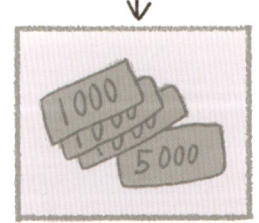

지폐 시대
금속 동전 화폐의 가장 큰 단점은 큰 금액을 지불할 때 무거워서 운반이 어렵다는 점이었어. 그래서 나온 게 가볍고 편리한 종이 화폐야.

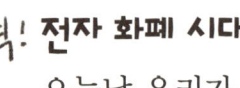

전자 화폐 시대
오늘날 우리가 물건값을 지불하는 방법은 다양해졌어. 신용카드를 사용하거나 계좌 이체를 하거나 스마트폰 앱을 사용한 간편 결제 시스템을 이용하며 이전보다 편리하게 화폐를 사용하고 있어.

잠깐! 또리의 경제 상식

우리나라 최초의 동전은 무엇일까?

고려시대 때 쇠로 만든 건원중보(乾元重寶)가
우리나라 최초의 동전이야.
고려 성종 15년(996)부터 목종 5년(1002)까지 사용했고,
둥근 형태에 가운데 네모난 구멍이 있어.
1910년대 초에 개성 부근의 고려시대 무덤에서
건원중보 철전(鐵錢 : 철로 만든 돈)과
건원중보 동전(銅錢 : 구리로 만든 돈)이 함께 출토되었어.

우리나라 최초의 지폐는 무엇일까?

바로 '호조태환권'이야.
1893년(고종 30년)에 화폐로 쓰고 있던 엽전을
회수하고, 새로운 화폐 제도를 만들기 위해 교환과
정리 업무를 맡을 태환서가 서울에 설치되었어.
호조태환권은 50냥, 20냥, 10냥, 5냥 짜리가
있었다고 하는데 공식적으로는 사용되지 못했어.
화폐 업무를 담당한 일본인들의 운영권 다툼 때문에
결국 이 지폐는 한 장도 사용되지 못한 채 모두 소각되고 말았다고 해.

4 현명한 선택과 결정에도 도움을 주지

우리가 하는 경제 활동 중에 가장 기본적인 것이 소비야. 소비는 우리가 필요하거나 원하는 물건 또는 서비스에 돈을 지불하고 얻는 걸 말해. 소비자가 기업의 물건을 구매하면 기업은 이윤을 남기고 직원들에게 월급을 주고 일자리를 더 만들 수 있어. 적절한 소비는 기업을 살리고 가정과 나라의 경제를 원활하게 해 주는 역할을 해. 하지만 지나친 소비는 가정 경제를 어렵게 하지. 반대로 사람들이 너무 돈을 쓰지 않으면 기업의 이윤이 줄어들어서, 직원들에게 분배할 급여도 줄어들어. 결국 적절한 소비는 나와 시장 경제를 위해 꼭 필요한 거야.

그렇다면 적절한 소비는 어떻게 할 수 있을까?
나에게 꼭 필요한 곳에 돈을 쓰면서도 시장 경제에 도움이 되는 소비 습관, 함께 살펴보자.

잠깐! 또리의 경제 상식

재화의 희소성 사람들의 필요에 비해 재화가 충분하지 않은 것을 말하고 '희소'라는 말은 '매우 적고 드물다'는 뜻이야.

희소가치 드물고 부족하기 때문에 인정되는 가치를 말해.

기회비용 사람들은 좀 더 가치 있는 것을 선택하고 선택하지 않은 것들 중에 가장 큰 가치를 갖는 것을 기회비용이라고 해.

매몰비용 어떤 선택을 위해 실제로 지불된 비용 중에 다시 회수할 수 없는 비용을 말해. 일단 지출하고 나면 다시 되돌릴 수 없는 비용을 말하지.

5. 좋은 경제 습관을 만들 수 있지

"오빠는 나보다 용돈을 더 받는데 왜 항상 부족해?"
"이상하다, 이번 주에는 잘 생각해서 썼는데."
"어디 하나하나 살펴보자."

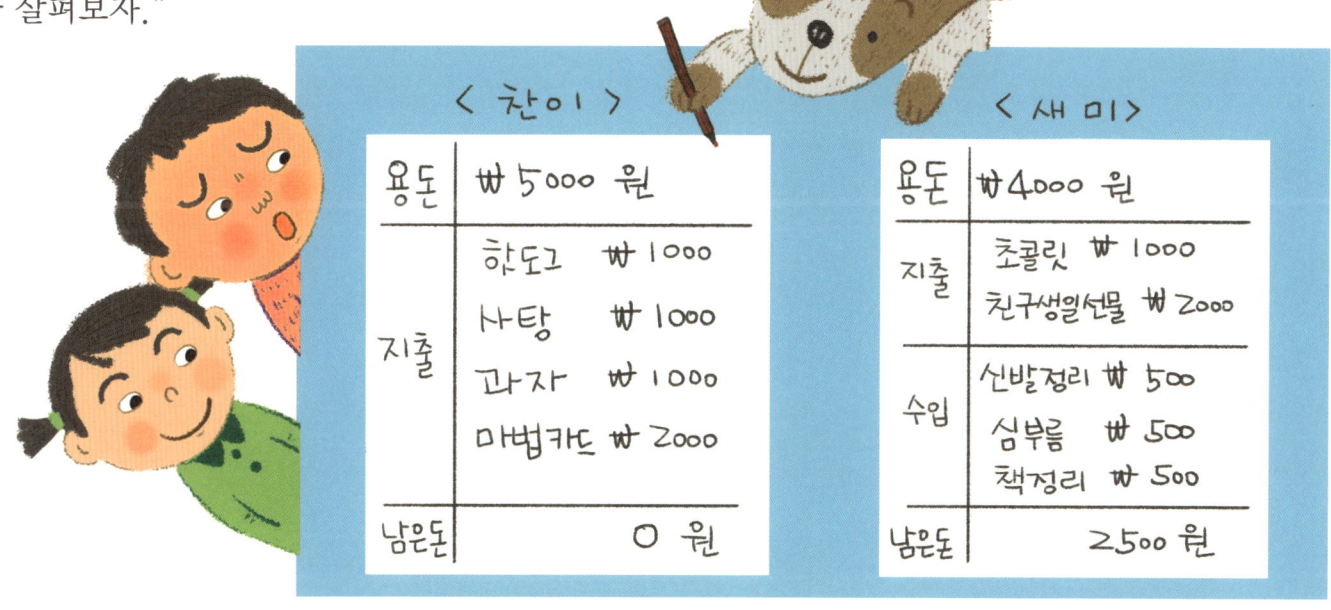

"세 살 버릇 여든까지 간다."라는 속담 알지? 경제 활동에서도 좋은 습관을 만드는 건 매우 중요해.
알 수 없는 미래에 대비하기 위해 사람들은 돈을 모으고 계획적으로 사용하며 저축을 하지.
어릴 적부터 잘 잡힌 경제 습관은 우리의 미래를 안전하게 해 줄 거야.

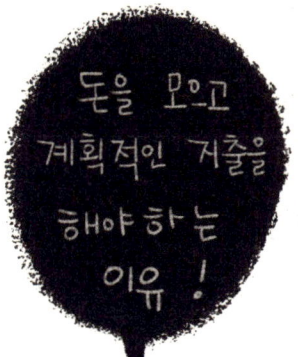

돈을 모으고 계획적인 지출을 해야 하는 이유!

<과일가게 김 씨 아저씨>
이번에 아저씨네 큰아들이 대학교에 입학한대. 아줌마와 아들은 기쁘면서도 등록금이 걱정이야. 하지만 아저씨가 5년간 모은 적금으로 걱정 끝!

걱정 마라!

<반찬가게 양 씨 아주머니>
평소 몸이 자주 아픈 아주머니는 이번에 건강검진을 하느라 병원비가 많이 나왔어. 그렇지만 비상시를 대비해 모아 둔 돈이 있어 잘 사용했지.

병원비 있어요~

<편의점 고 씨 청년>
편의점에서 아르바이트를 하던 고 씨는 하고 싶은 일이 있어 준비하느라 일을 그만두었어. 그동안 일해서 모은 돈이 있어 자격증 학원을 등록하고 공부에 전념할 수 있었지.

할 수 있다!

<우리 집 새미>
새미는 갖고 싶은 물건이 많아. 머리띠, 인형, 손지갑까지. 새미는 집안일을 도와 용돈을 벌고 계획을 세워 사용했어. 그리고 남은 돈을 모아 갖고 싶은 걸 샀어.

오~예!

우리는 살면서 예상치 못한 일로 돈이 급히 필요할 때가 있고, 또 큰 지출이 필요할 때도 있어. 그런 상황들에 대비해 돈을 계획적으로 사용해야 해.

같이 해보자!

좋은 경제 습관을 갖는 방법

1. 필요한 것과 갖고 싶은 것을 구분하고 저금할 돈과 쓸 돈을 계획하기.
2. 용돈 기입장을 매일 쓰면 불필요한 지출을 줄일 수 있어.
3. 부모님과 상의해 용돈을 벌 수 있는 방법을 찾고 약속을 정해 보자.
4. 은행에서 내 이름의 통장을 만들고 저축의 재미와 보람을 느껴 보자.

"우리 용돈 기입장을 만들어 볼까?"

새미의 용돈 기입장 공개~!

〈새미의 용돈 기입장〉

날짜	내용	들어온 돈	나간 돈	남은 돈
1월1일	용돈	4000원	0	4000원
1월2일	사탕		1000원	3000원
1월3일	심부름	500원	0	3500원
1월4일	신발정리	500원	0	4000원
1월5일	미미스티커		1000원	3000원
1월6일	책장정리	500원	0	3500원

잠깐! 또리의 경제 상식

적금 일정 기간 동안 일정 금액을 정기적 또는 비정기적으로 입금하고 약속된 기간이 지난 후에 이자를 포함한 전체 금액을 돌려받는 예금 제도야.

펀드 어떤 특정한 목적을 위해 돈이 모인 것을 펀드라고 해. 여러 사람의 돈을 모아 기업에 투자하기도 하지만 학교를 설립하거나 불우 이웃을 돕기 위해 돈을 모으는 것도 모두 펀드라고 해.

금융 기관에서 가입한 펀드는 투자전문가들이 투자를 하고 성공적으로 이익이 생기기도 하고 손해를 보기도 해.

보험 사람들은 생각하지 못한 질병이나 사고, 사망, 도난, 화재 등 어려운 일에 대비하기 위해서 보험에 가입해. 평상시 조금씩 정해진 금액을 보험료로 납부하고 필요한 경우 보험회사에서 도움을 받게 되지.

주식 회사는 투자할 사람들을 모아서 주식을 발행해. 회사에 이익이 생기면 주식을 산 주주들은 이익을 보게 되지만 주식의 가격이 떨어지면 손해를 볼 수도 있으니 신중해야 해.

비트코인 물건을 사거나 서비스 이용료를 결제할 수 있는 가상화폐야. 비트코인은 컴퓨터에서 정보의 기본 단위인 비트(bit)와 동전(coin)의 합성어인데 완전한 익명으로 거래되기 때문에 범죄나 탈세 등에 악용되기도 해.

6 돈을 더 가치 있게 사용하는 방법을 알 수 있어

"또리야, 난 돈을 많이 모아서 부자가 될 거야."
"부자가 되면 뭐 할 거야?"
"갖고 싶은 거 몽땅 다 사야지."
"부자가 되는 건 좋은데,
이제 돈의 가치도 잘 생각해 봐야 해."
"돈의 가치?"

〈만 원으로 장보기〉

같은 금액의 돈이라도 시간이 지나고 물가가 상승하면서 돈의 가치는 계속 달라져.
물가가 상승하면 돈의 가치가 떨어지고 이러한 현상은 미래의 우리 돈에 영향을 줄 수 있어. 앞으로 계속될 물가 상승을 생각한다면 우리는 더 많은 돈을 모으고 더 높은 투자 이익을 내야 미래에도 여유롭게 사용할 수 있는 거지.
그래서 더 구체적인 목표를 갖고 저축과 투자 계획을 세워 볼 필요가 있어.

돈을 더 가치 있게 사용하는 다양한 방법

새로운 체험(경험)에 투자하기

저축을 하거나 금융 상품에 돈을 넣는 금전적 투자지만, 새로운 경험에 돈을 쓰는 건 우리 삶 자체를 풍요롭게 해 주는 투자라 할 수 있어. 가족과 함께 낯선 곳에 여행을 가거나, 뮤지컬을 관람하고, 새로운 음식을 맛보며 느끼는 체험도 좋아. 조금 크면 부모님 품을 떠나 친구들과 혹은 혼자 해외로 여행을 떠나 볼 수도 있지. 당장은 소비를 하는 것 같지만, 이런 경험들이 건강하고 행복한 삶을 만들어 줄 수 있어. 혹시 알아? 특별한 경험이 쌓여 특별한 직업을 갖게 된다면 정말 괜찮은 투자 아닐까?

배움에 투자하기

새로운 것을 배우고 익히고 공부하는 것에는 끝이 없어. '학교를 졸업하면 공부는 끝'이라 생각하기 쉽지만, 직장을 다닐 때도 부모가 되어서도 또 할머니 할아버지가 되어서도 끊임없이 배울 것이 생기지. 배움에 투자하는 것은 미래에 투자하는 것과 같아. 세상은 끊임없이 변화하고 발전하고 있으니, 그에 맞춰 새로운 것을 배우는 건 꼭 필요한 투자라 할 수 있지.

기부(나눔)에 투자하기

"내 돈을 다른 사람에게 기부하는 게 어떻게 투자예요?"
아마 이렇게 묻는 친구들도 있을 거야. 우린 뉴스에서 간혹 힘들게 일해 모은 돈을 전액 사회를 위해 기부한 분들의 소식을 접해. 이분들은 다른 사람들을 도우며 사는 것에 돈의 가치가 있다고 생각해. 이런 나눔이 누군가에게 큰 힘이 된다면 이건 이웃과 우리 사회의 미래에 대한 투자가 되겠지. 투자의 대상을 나 자신만이 아니라 이웃과 사회로도 넓혀 보면 좋을 것 같아.

잠깐! 또리의 경제 상식

인플레이션이란?

통화량이 증가하고 물가가 지속적으로 상승하면서 돈의 가치가 하락하는 것을 말해.
모든 상품의 물가가 전반적으로 꾸준히 오르는 경제 현상이야.

디플레이션이란?

인플레이션과 달리 물가 수준이 내리는 현상을 말해.
우리나라에서는 거의 나타나지 않았지만 20년 이상의 장기불황을 겪은 나라에서는 종종 발생하기도 해.

스태그플레이션이란?

스태그네이션과 인플레이션을 합친 말로 경기 침체에도 불구하고 물가가 상승하는 경제 현상이야.
원유나 원자재 가격이 급등하면 생산 비용이 늘어나 제품 가격이 자동적으로 오르지만 기업의 이익은 늘어나지 않아.
결국 직원들에게 급여를 올려 주기가 어렵게 되고 가계에는 돈이 없으니 소비를 줄이게 되지.
기업은 제품이 안 팔리니 더욱 어려워져서 해고자나 실업자가 늘어나게 되는 현상이야.

7 삶의 목표와 계획을 세울 수 있어

"오빠는 커서 뭐 하고 싶어?"

"나는 게임을 좋아하니까 프로게이머도 하고 싶고, 운동을 잘하니까 축구 선수도…… 너는?"

"나는 음…… 모르겠어."

"쯧쯧…… 걱정이네, 걱정이야. 하고 싶은 것도 없고 잘하는 것도 없고 맨날 모르고!"

"찬이야, 새미야, 걱정할 일 아니야. 아직은 잘 모를 수 있지. 배워 가며 천천히 결정해도 괜찮아. 다른 친구들은 어떤지 놀이터 가서 알아볼까?"

"좋아 놀이터로 출발!"

"애들아, 너희들은 커서 어떤 일을 하고 싶니?"

직업을 가져야 하는 이유는 소득을 얻기 위해서야. 회사를 다니거나 가게를 열어서 장사를 하는 것,
농사를 지어 생산 활동으로 소득을 얻는 것 등 다양한 방법으로 돈을 벌 수 있어.
이렇게 번 돈을 우리는 필요한 곳에 사용해. 직업을 갖고 열심히 일하는 것은 나라의 경제에도 도움이 되는 일이야.
세상은 빠르게 변화하고 그 변화에 맞춰 사라지는 직업도 있고 새로운 직업이 생겨나기도 해.
미래에는 어떤 직업이 생겨나고 어떤 직업이 사라질까?

사라진 직업들

보부상
봇짐을 지거나 지게에 물건을 올려
돌아다니며 물건을 팔던 상인이야.

버스 안내원
버스의 도착지를 알려 주고
문을 수동으로 열고
닫는 일을 했어.

사진사
유명한 관광지와 공원에 가면
거리의 사진사가 있었어.
돈을 받고 사진을 찍어 주었지.

수필 속기사
회의 내용이나 중요한 대화 내용을
손으로 빠르게 받아 적는 일을 했어.

극장 간판 미술가
극장의 큰 간판에 영화 홍보용 그림을
직접 그리는 일을 했어.

새로 생겨난 직업들

미디어콘텐츠 창작자

자신만의 개성 있는 영상 콘텐츠를 제작하고, 개인 미디어로 방송을 하는 직업이야.

애견 훈련사

반려동물의 다양한 문제 행동을 분석하고 훈련하는 직업이야.

가상 현실 전문가

컴퓨터 프로그램을 통해 가상의 공간에서 시스템을 개발하는 직업이야.

드론 조종사

지상에서 원격 조종을 통해 드론을 조종하는 일을 하지.

로봇공학자

로봇에 관련한 크고 작은 부품과 장치들을 연구 개발하고 하나의 로봇으로 조립하여 만드는 일을 해.

스마트 팜 전문가

농업, 목축, 어업 등에 정보통신기술을 접목하여 효율적으로 작물을 재배하거나 가축을 기르는 직업이야.

빅데이터 전문가

대량의 데이터를 수집하고 저장 분석하여 사람들의 행동이나 시장의 변화 등을 분석하고 자료를 만드는 일을 해.

북 마스터

사람들에게 좋은 책을 골라 주거나, 책과 관련된 정보를 알려 주는 일을 전문으로 하는 직업이지.

소믈리에

호텔이나 고급 레스토랑에서 포도주를 관리하고 추천해 주는 일을 해.

잠깐! 또리의 경제 상식

너희들은 어떤 일을 하고 싶니?

직업은 정말 다양하고 많지.
각자 하고 싶은 일도 다 다르고.
앞으로 너희들이 커 가면서
하고 싶은 일은 계속 바뀔 수도 있어.
너희들은 미래에 어떤 일을 하고 싶니?

<경제 발전에 따른 산업 구조의 변화>

1차 산업 자연환경을 직접 이용하여 필요한 물품을 얻거나 생산하는 산업이야.
농업, 목축업, 임업, 어업 등이 대표적인 1차 산업이야.

2차 산업 1차 산업에서 얻은 생산물을 가공하여 생활에 필요한 물건이나 에너지로 생산하는 산업이야.
제조업, 건설업, 광업 등이 여기에 해당돼.

3차 산업 1차와 2차 산업에서 생산된 물품을 소비자에게 팔거나 서비스를 제공하는 산업이야.
상업, 금융업, 음식점업, 운수통신업 등 다양한 업종이 있어.

4차 산업 지식과 정보 분야의 기능이 강화된 분야로 연구개발 산업이라고도 해.
정보업, 교육업, 의료업 등이 포함되지.

5차 산업 패션, 레저, 취미 등의 산업을 아우르는데, 만화가나 프로게이머 등이 이 업종에 포함되는 직업이야.

8 경제를 알면 미래 사회가 보인다

"햄버거 하나 주문하는 게 너무 어렵다. 오빠 도와줘."
"언제 이런 게 생겼지?"
"떡볶이 먹으러 갔는데 이런 기계가 또 있었어."
"주인이 없는 가게도 있더라. 그럼 누가 계산해 줘?"
"세상은 빠르게 변화하고 있어.
앞으로 더 새로운 것들이 생겨나겠지?"

기후 변화에 따른 경제와 사회의 변화

지구 온난화를 막기 위해 전 세계가 노력하고 있다는 건 이미 알고 있을 거야.
온실가스를 줄이기 위해 기업은 친환경 제품을 개발하고,
사람들은 환경을 위한 가치 있는 소비를 하고 있지.
"환경을 위한 가치 있는 소비가 뭐지?"
"오염 물질을 줄이기 위해 친환경 제품을 사용하는 거야."
"플라스틱 사용을 줄이는 일."
"난 전기 아껴 쓰기에 한 표!"
"찾아보면 더 있을 것 같은데?"

인구 감소와 고령화에 따른 경제와 사회의 변화

우리나라는 출산율이 점점 감소하고 노인 인구가 늘어나는 고령화 현상이 나타나고 있어.

인구의 고령화로 인해 실버경제도 많은 관심을 받고 있어. 요양원이나 실버타운, 노인을 위한 시장 경제도 점점 커지고 있어.

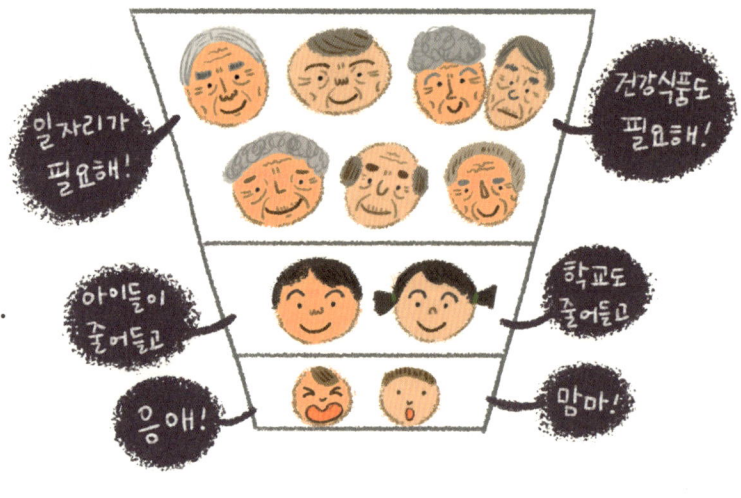

과학기술 발전에 따른 경제와 사회의 변화

정보통신과 기술의 발달로 사람들의 생활은 더 편리해지고 있어. 인공지능, 로봇 기술, 가상 현실, 드론, 자율주행차 등은 이미 익숙한 단어들이지. 미래에는 기술의 발달로 산업과 경제, 사람들 간의 소통에도 많은 변화가 올 거야.

앞으로 달라질 우리의 삶을 예측해 본다면 미래의 변화에 더 적극적으로 대응할 수 있지.

잠깐! 또리의 경제 상식

인공지능 마치 인간의 뇌 기능을 본뜬 것처럼 컴퓨터 스스로 추론·학습·판단하면서 작업하는 시스템을 말해.

4차 산업혁명 최첨단 정보통신기술이 경제와 사회에 영향을 주어 생기는 산업의 변화를 말해.
4차 산업혁명의 가장 핵심적인 기술은 정보기술(IT)이라 볼 수 있고 초연결과 초지능을 특징으로 하기 때문에 기존 산업혁명에 비해 더 넓은 범위에 더 빠른 속도로 영향을 주고 있지.

 ## 9 건강한 경제 활동으로 함께하는 사회를 만들 수 있어

〈아프리카의 무료 세탁방〉　〈어려운 이웃을 위한 무료 도시락〉　〈아이들에게 신발 기부〉

기업의 사회적 책임 활동

기업은 물건이나 서비스를 판매하는 일뿐만 아니라 소외된 지역을 위한 기부,
나눔 활동도 하고 있는데 이를 사회적 책임 활동이라고 해.
기업은 이윤 추구 활동 외에도 사회적, 환경적 이슈들을 찾아내어 긍정적 영향을 주기 위해
노력하고 있어. 이런 사회적 책임 활동은 소비자들에게 선한 이미지를 주고
기업의 매출 향상에 도움을 주기도 해. 즉 기업과 사회 모두에게 의미 있는 활동이지.

사회적 기업

사회적 기업은 일자리를 쉽게 찾기 어려운 사람들에게 일자리를 제공해 주고 지역 주민의 삶을 도와주기 위한 사회적 목적을 갖고 영업 활동을 하는 기업을 말해. 좋은 일을 하는 가게의 상품을 구입하면 우리는 착한 소비를 할 수 있지.

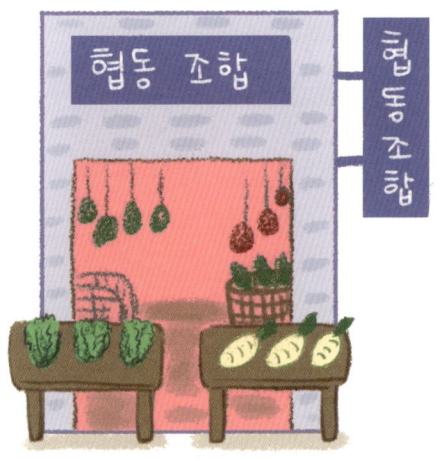

협동조합

농어촌 지역의 주민들이 서로 협력하여 지역의 생산물을 함께 판매하고 이익을 나누며 지역 사회에 도움을 주는 조직이야.
일반 소비자들은 조합에 가입하여 물건을 구매하면 되는데 지역의 생산물을 좋은 품질과 가격으로 구입할 수 있는 장점이 있지.

마을 기업

지역 주민들이 그 지역에서 나오는 자원을 활용하여 사업을 하고 이익을 내는 단체야.
함께 공동의 지역 문제를 해결하고 일자리를 만들며 지역 공동체의 이익을 효과적으로
실현하는 마을 단위의 기업이지.
마을 기업은 주민들 간의 이해관계나 정서적 공감대가 형성되어야 하고,
지역 주민들의 자발적인 참여가 중요하지.

10 경제를 알면 잘사는 나라를 만들 수 있어

'한강의 기적'이라는 말 들어 봤니?

우리나라는 일제강점기를 벗어난 지 얼마 되지 않아 한국전쟁을 겪었어. 온 나라가 전쟁 때문에 쑥대밭이 되었고 모두가 가난하고 살기 힘들었어. 하지만 미국과 서방 국가들의 지원과 경제 원조를 받으며 근로자들은 외화를 벌어들이고, 또 선진국을 배우러 유학을 떠났으며 국내에선 공장을 세워 모두 열심히 일했어. 이런 노력으로 전 세계에서 가장 빠른 기간 안에 눈부신 경제 성장을 이뤄 냈어. 이를 두고 해외에선 '한강의 기적'이라 표현했지.

K-문화, K-음악, K-영화, K-드라마, K-푸드

세계인이 열광하고 주목받는 우리나라 문화산업의 성공은 다른 산업에까지 긍정적 영향을 주고 있어. 한국 드라마나 음악을 좋아하는 외국인들은 한국의 다른 문화에도 관심을 가지고 국내에 방문하고 한국 물건을 구매하고 그것들을 또 해외에 알리지. 한국의 문화산업이 다른 산업에 선한 영향을 줄 뿐만 아니라 나아가 한국의 위상과 국제 경쟁력을 높이는 데도 기여하고 있어.

우리나라의 경제 성장

1910~1945년 일제강점기

36년 동안 우리나라는 일본에 의해 가혹하게 억압당하고 착취당했어. 많은 한국인들은 강제로 전쟁터에 끌려가거나 광산이나 공장에서 혹독한 노동을 해야만 했어.

1950년대 한국전쟁

1950년 6월 25일 전쟁이 시작되어 휴전되기까지 약 3년여 동안 우리나라의 산업시설은 거의 모두 파괴되었지. 많은 이들이 피난을 갔고 부모를 잃은 고아도 많았어. 휴전이 된 후에 미국과 서방 국가들로부터 도움을 받았고, 이 시기 우리나라는 농업, 어업, 임업이 중심이었어.

1960~1970년대 새마을 운동

1960년대부터 우리나라 경제는 조금씩 나아졌지만 여전히 농촌은 살기 어렵고 가난했어. 도시에 비해 낙후된 농촌을 발전시키기 위해 새마을 운동이 시작됐지.
'근면, 자조, 협동' 정신을 바탕으로 온 국민의 생각과 생활방식을 바꾸려는 노력이었어.

1980~1990년대 첫 무역 흑자와 눈부신 도약

한국경제는 빠르게 발전하여 1986년에 사상 처음으로 무역 흑자를 이루게 되었어.
1988년에는 세계 올림픽을 성공적으로 개최함으로써 우리의 성장을 세계에 알리는 계기가 되었지.
1980년대 초부터 반도체를 전략 산업으로 선정하고 장기적으로 투자하고 연구하기 시작했어.
1980년대에는 자동차, 정밀 기계 산업이 중심이다가
1990년대에는 컴퓨터, 반도체, 정보 통신 산업을 중심으로 바뀌었지.

1990 ~ 2000년대 글로벌 시대와 IT 강국

교통과 통신의 발달로 무역이 크게 늘고 세계가 하나의 시장으로 통합되는 세계화 시대가 열리게 됐어.
사람들은 해외여행을 자유롭게 가고 국제 교류가 활발해지면서 각 산업 분야에서도 세계적 경쟁력을 갖기 위해 노력하기 시작했지.
우리나라는 IT 기술 강국으로 발전했고, 서비스업인 관광, 의료, 영화, 방송통신과 정보기술, 생명공학, 우주산업 등 첨단 기술과 관련된 산업이 크게 발달하고 있어.

잠깐! 또리의 경제 상식

세금은 국민들 소득의 일부분을 국가에 납부하는 돈을 말해. 모든 국민은 세금을 내고 있단다.
국가는 국민들로부터 세금을 걷어 나라의 살림을 꾸려 나가는 데 사용하지.
우리가 사용하는 도로나 공공기관, 편의시설들이 세금으로 운영되고 있어.

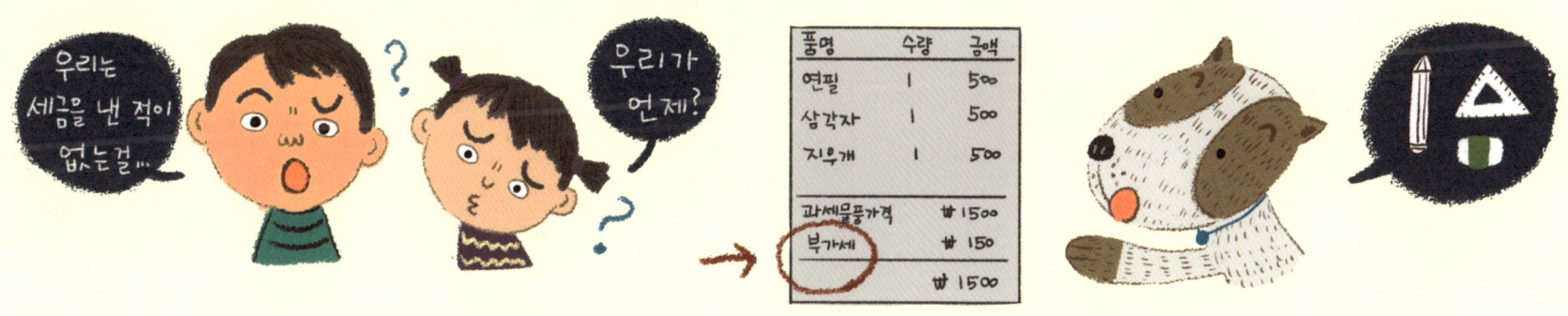

너희들이 사는 물건에도 세금이 포함되어 있어.
영수증을 보면 '부가세(부가가치세)'라고 표시된 금액이 바로 세금이야. 물건 가격의 10퍼센트를 부과하지.
"앗, 그럼 지금까지 내가 낸 세금이 모두 얼마야?"

부가가치세란?

생산과 유통의 과정에서 발생하는 이익에 대해 부과되는 세금이야. 제품 최종 가격의 10퍼센트를 부과하고,
나이와 연령에 상관없이 재화나 용역을 구매하는 사람은 누구나 부가가치세를 내고 있지.
단, 부가가치세를 면제받은 사업도 있는데, 그런 사업자의 제품을 구매할 땐 부가가치세를
납부하지 않아. 마트에서 받은 영수증을 보면 부가세 부과 상품과 면세상품이 따로 구분되어 있을 거야.
어떤 상품이 면세 상품인지, 영수증을 한번 꼼꼼히 살펴보는 것도 재밌겠지?

11 세상을 보는 눈이 넓어지지

우리가 입고 있는 옷이나 사용하는 물건들의 정보를 자세히 본 적 있니?
한국에서 산 물건이지만 생산지는 한국이 아닌 물건들이 많을 거야. 왜 그럴까?

나라마다 자연 환경과 발달한 산업이 달라서 어떤 물건은 우리나라에서 생산하는 것보다 외국에서
수입하는 것이 더 이득이기도 해. 그래서 각 나라들은 필요에 따라 다른 나라와 협정을 맺고 거래를 하지.
이걸 무역이라고 해. 무역의 대상은 제품뿐만 아니라 서비스나 기술도 포함된단다.
그런데 나라와 나라 간에 무역을 하며 어느 한 쪽이 손해를 보면 안 되겠지?
그래서 나라 간에 공정한 무역을 하기 위해 정해 둔 규칙이 있는데, 그걸 '관세무역협정'이라고 해.
관세는 수입품에 부과하는 세금인데, 각 나라들은 무역이 자기 나라의 경제에 도움이 되고
국내 산업에 피해를 주지 않도록 적절한 관세를 부과하고 있어.

무역은 기업들의 경쟁 무대를 세계로 넓히는 계기가 돼.
생각해 봐, 다른 나라의 좋은 제품이 국내에 수입되면 같은 제품을 만드는 국내 기업은
그보다 더 좋은 제품을 만들기 위해 노력해야겠지.
안 그럼 소비자에게 외면받을 수 있으니까.
이러한 경쟁을 통해 기업은 끊임없이 연구개발을 하고 발전할 수 있어.
소비자 입장에서 무역과 기업 간 경쟁은 다양한 제품을 보다 합리적인 가격으로 선택할 수 있는
기회가 생기는 것이니 이득이지.
우리가 좋아하는 해외 브랜드가 많듯 해외에서 인기 있는 한국 브랜드와 제품도 많아.

잠깐! 또리의 경제 상식

세계무역기구 (WTO: World Trade Organization)
1995년 세계 무역의 관리 및 자유화를 기본 목표로 설립된 국제기구이지.
나라와 나라 사이에 경제 분쟁이 일어났을 때 옳고 그름을
판단하고 잘못된 것을 고치도록 감시해.
문제가 생겼을 때 조율하는 일뿐만 아니라 가입국들이
공정하게 무역할 수 있도록 여러 가지 활동을 하고 있어.

자유무역협정 (FTA: Free Trade Agreement)
국가 간의 무역 증대를 위해 물자나 서비스의 이동을 자유롭게 하도록 맺는 협정이야.
특정 국가 간의 무역 장벽을 완화하거나 철폐하여 무역을 자유화하는 특혜무역협정이지.

공정 무역
세계 곳곳엔 아직도 기업과 농장 주인들이 적은 대가로 아이들의 노동을 착취하는 경우가 있어.
공정 무역은 생산자의 노동에 정당한 대가를 지불하고 소비자는 질 좋고 신뢰할 수 있는 제품을 받아
모두가 행복한 거래를 할 수 있게 하는 방법이야.

다국적 기업
다국적 기업은 본사가 있는 국가를 포함하여 해외 여러 국가에 자회사, 지점, 공장 등을 운영하여
전 세계를 대상으로 생산과 판매 활동을 하는 기업을 말해. 많은 대기업들이 여기에 속하지.

12 세계 부자들의 경제 개념도 배울 수 있지

세상에는 우리가 상상할 수 없을 만큼의 큰 부자들이 있어.
그들은 어떻게 노력하고 살아왔을까? 또 삶에서 어떤 부분을 중요하게 생각했을까?
그들이 만든 제품과 서비스를 보며 부자들의 철학과 경제 개념도 배울 수 있지.

앤드류 카네기

1835년 스코틀랜드에서 태어나 가난 때문에 몹시 고생을 했어. 카네기 가족들이 1848년 미국으로 이주했고, 카네기는 13세 때부터 다양한 직업을 전전하며 닥치는 대로 일을 해야 했어. 방적공장 노동자, 기관 조수, 전보 배달원, 전신 기사 등 여러 직업을 전전하다가 1853년 펜실베이니아 철도회사에 취직하게 됐지. 1865년까지 이곳에서 근무하며 큰돈을 벌었고, 1892년 카네기 철강회사를 만들었어. 카네기는 미국인들에게 '위대한 기부자'라고 불리울 만큼 미국의 기부 문화에 많은 영향을 끼쳤어. 미국에 존재하고 있는 많은 자선 재단들의 시작이자 기부 문화에 앞장선 인물이라고 평가를 받았고, 그는 죽기 전까지 자선활동을 멈추지 않았어. 카네기의 기금으로 미국과 영국은 도서관을 짓고 과학 발전을 위한 기술원과 문화예술 활동을 지원했지. 카네기는 부의 사회 환원은 신성한 의무라고 강조했고, 광범위하게 베풀어지는 잘못된 자선에는 반대했어. 카네기의 자발적인 기부는 여러 사람의 삶을 풍요롭게 하였고 엄청난 경제적 효과를 낳았지.

앤드류 카네기의 한마디

"다른 이들을 부유하게 만들지 않고서는 그 누구도 부자가 될 수 없다."
"누구도 혼자서 모든 것을 이루려고 하거나, 혼자 모든 공을 인정받으려고 하면 위대한 사람이 될 수 없다."
"먼저 마음의 눈을 떠라. 행복의 열쇠는 당신 주위에 있다."

워런 버핏

미국의 기업인으로 버크셔 해서웨이의 최대주주이자 회장이야. 11세 때부터 주식을 거래하기 시작했고, 지금은 세계에서 손꼽히는 부자이지만 검소한 생활을 하고 있지. 젊은 시절에는 딸아이의 침대 살 돈을 아끼기 위해 서랍장을 빼서 침대 대용으로 사용하게 했어. 자동차도 중고차를 이용하고 2019년까지 스마트폰을 사용하지 않았다고 해. 워런 버핏은 하루 최소 5시간을 책과 신문, 보고서, 잡지 등을 읽는 데 시간을 보내는 독서광이라고 해. 친구인 빌 게이츠와 함께 재단에 많은 재산을 기부하는 데도 앞장서고 있어.

워런 버핏의 한마디

"신뢰는 만들어지는 데 평생이 걸리지만, 무너지는 데는 단 5분도 안 걸린다."
"경제는 나 같은 부자를 더 부자로 만들어 주지만, 가난한 사람에게 작동하지 않기에 기부가 필요하다."
"자기 자신에 대한 투자가 당신이 해야 할 가장 중요한 투자다."

짐 로저스

미국의 투자 전문가로 예일대학교 역사학과를 거쳐서 철학, 정치학, 경제학을 다양하게 공부했어. 어릴 때는 땅콩을 팔거나 빈 병을 주워 돈을 벌기도 했다고 해. 1964년 월스트리트에서 일하면서 투자에 대한 열정을 갖게 됐고 10년 동안 4,200퍼센트라는 경이적인 수익률을 올리며 전 세계의 주목을 받았지. 독자적인 투자 방법으로 세계 경제 흐름보다 늘 앞서서 움직이는데, "앞으로는 아시아의 시대가 될 것", "향후 가장 흥미로운 나라는 한국이 될 것"이라는 예상을 한 바 있어.

짐 로저스의 한마디

"사람은 두 가지 방식으로 배운다. 하나는 다른 사람을 통해, 다른 하나는 책을 통해서다. 이 세상에서 책만큼 싼 가격에 배움을 구할 수 있는 수단은 없다. 비용은 적고 효과는 상상할 수 없을 만큼이다."
"멈추지 않는다면 아무리 천천히 가도 전혀 문제가 되지 않는다."
"끈기, 꾸준함의 중요성은 아무리 강조해도 지나치지 않는다."

빌 게이츠

마이크로소프트의 설립자이자 기업인이야. 어렸을 때부터 컴퓨터 프로그램을 만드는 것을 좋아했고 많은 양의 책을 읽었으며 지금도 1년에 50여 권의 책을 읽는다고 해. 빌 게이츠는 자신의 돈이 자녀의 인생에 영향을 주길 바라지 않고 아이들 스스로가 본인의 길을 찾아야 한다고 생각해서 재산의 대부분을 물려주지 않을 거라고 해. 빌 게이츠는 부인 멜린다와 2000년에 설립한 '빌앤 멜린다 게이츠' 재단을 통해 여러 자선단체와 과학 연구 프로그램에 상당한 액수의 돈을 기부하고 있어.

빌 게이츠의 한마디

"작고 하찮은 일부터 시작해야 한다."
"어릴 적 나에겐 원대한 꿈이 있었고 그 꿈의 대부분은 많은 양의 독서가 밑바탕 되었기에 가능했다고 생각한다."

마음 부자 또리의 한마디

너희들에게는 보이지 않는 무한한 능력의 씨앗이 있어.
그 씨앗을 심고 물을 주고 건강하게 잘 키우면
언젠가 그 나무는 너희들을 든든하게 지켜 줄 거야.
너희들이 갖고 있는 씨앗의 능력을 믿어 봐!